FRANCISCO RAFAEL PEREIRA DA SILVA

DEFENSORIA PÚBLICA E EFETIVIDADE DO ACESSO À JUSTIÇA: UMA ANÁLISE DE CASO NO MUNICÍPIO DE PIRIPIRI

PIRIPIRI-PI
2023

Dedico este trabalho primeiramente a Deus, pela saúde, fé e perseverança que tem me dado.

Aos meus pais, Maria de Fátima Pereira da Silva e Valdinar Moreira da Silva, pelo esforço de educar seus filhos(as) e pelas primeiras lições de ética, às quais tanto me direcionaram, incentivando e apoiando-me nos estudos.

AGRADECIMENTOS

Agradeço a Deus, pela sua força e proteção;

Aos meus pais, por serem meu alicerce, meu porto seguro, procurando sempre fazer o impossível em minha vida;

Aos meus familiares, irmãos, sobrinhos e cunhados, pelo apoio incondicional;

Aos órgãos, que serviram de base para minhas práticas e pesquisas;

Por fim, a todos aqueles que, de alguma forma, ajudaram na minha formação acadêmica.

A todos, meu muito obrigado !

"A educação faz um povo fácil de ser liderado, mas difícil de ser dirigido; fácil de ser governado, mas impossível de ser escravizado."

Henry Peter

S 586 Silva, Francisco Rafael, 1992-

     Defensoria Pública e efetividade do acesso à Justiça: uma análise de caso no Município de Piripiri/Francisco Silva - 1. Ed. – São Paulo, Edição Independente, 2023.

     38p.; 22,86cm

     ISBN: 979-8377532873

1.Introdução. 2. Do acesso à justiça.

     I.   Título.

CDD: 342

RESUMO

O presente texto tem como tema **Defensoria Pública e efetividade do acesso à justiça:** uma análise de caso no município de Piripiri-Pi. Para o desenvolvimento do mesmo, foi realizada uma pesquisa de campo descritiva e exploratória, de caráter qualitativo, no município de Piripiri-PI, nos meses de setembro a novembro de 2014, a fim de mostrar a importância da Defensoria Pública e o seu papel na garantia do acesso à justiça gratuita, em especial, a Defensoria Pública do núcleo de Piripiri, verificando a sua importância, o seu modo de atuação, a eficácia da mesma e o contentamento dos assistidos no município de Piripiri-PI. A proposta deste trabalho consiste em comprovar que, em virtude da ascensão dos direitos fundamentais, a instituição da Defensoria almeja objetivo que não o simples acesso ao judiciário, mas propiciar aos necessitados a efetivação de todos os direitos, judicial ou extrajudicialmente. Assim, a partir dos dados obtidos com a pesquisa, pôde-se perceber o significado do acesso à justiça na ordem jurídica, em especial o papel da Defensoria Pública na efetivação de tal princípio, que ainda é desconhecido por grande parte dos cidadãos brasileiros, sobretudo em Piripiri-Pi. Com isso, ficaram demonstrados que diversos fatores contribuem para a não efetivação dos direitos fundamentais, a exemplo do desconhecimento dos assistidos em relação aos seus direitos, a demora processual, entre outros. Fatores estes considerados negativos para a construção de uma sociedade livre, justa e solidária.

SUMÁRIO

1	INTRODUÇÃO	01
2	DO ACESSO À JUSTIÇA	03
2.1	Considerações iniciais: conceitos e características..	03
2.2	A evolução histórica	05
2.3	Ondas renovatórias	07
3	DOS ENTRAVES AO ACESSO À JUSTIÇA	10
3.1	Principais obstáculos	10
3.2	Superação dos obstáculos do acesso à Justiça	13
4	DA ASSISTÊNCIA JURÍDICA INTEGRAL E GRATUITA AOS NECESSITADOS	16
4.1	Da assistência jurídica em geral	16
4.2	A Defensoria Pública: generalidades	17
4.3	A Defensoria Pública, seus princípios e funções institucionais	18
5	METODOLOGIA	22
6	ANÁLISE E DISCUSSÃO DE DADOS	23
6.1	A atuação da Defensoria Pública no município de Piripiri	25
6.2	Quanto ao serviço prestado pela Defensoria	25
6.3	Quanto aos principais problemas apresentados	26
6.4	Quanto à participação da Defensoria na Justiça Comum e principais demandas	27
7	CONSIDERAÇÕES FINAIS	29
	REFERÊNCIAS	

1 INTRODUÇÃO

A garantia do acesso à justiça está positivada na Constituição Federal de 1988, na categoria de direito fundamental. Assim, o Estado tem o dever de prestá-lo satisfatoriamente, e para isso criou organismos essenciais para tal mister, que é a Defensoria Pública, instituição fundamental ao estado democrático brasileiro, garantindo a todos os necessitados os meios inerentes à proteção de seus direitos básicos.

Desse modo, tratou-se no presente trabalho desde os conceitos fundamentais de Defensoria Pública, com enfoque na efetividade do acesso à justiça, até a sua atuação no município de Piripiri, relacionando-a com a garantia de uma sociedade livre, justa e solidária, efetivando, assim, o objetivo constitucional. Assim, o presente trabalho tem sua importância por analisar o valor que possuem as Defensorias Públicas na garantia do acesso ao Judiciário, especialmente para os necessitados, garantindo-lhes o acesso à justiça de forma mais ampla possível. Nesse sentido, com a Carta Magna de 1988, fortalecida pela emenda constitucional nº 45 de 2004, a Defensoria Pública foi elevada ao posto de instituição da justiça, sendo colocada em nossa Constituição Federal como uma instituição essencial à função jurisdicional do Estado.

Assim, como corolário da garantia de uma sociedade livre, justa e solidária, a Defensoria Pública surgiu para acabar, ou pelo menos diminuir, as desigualdades de classes que quase sempre colocam em cheque os direitos fundamentais dos cidadãos. O surgimento da Defensoria Pública no estado brasileiro foi diretamente influenciado pela evolução histórica do modelo de assistência jurídica gratuita prestada pelo Estado aos hipossuficientes, visto que a obrigação do Estado em oferecer a garantia do acesso à justiça tem como contrapartida a disposição de instituições para tal finalidade. Embora haja uma preocupação legislativa em institucionalizar uma entidade pública na prestação dos serviços de assistência jurídica integral e gratuita, foi com a Constituição do Estado do Rio de Janeiro de 1975 e com a nossa atual Constituição Federal a primeira menção expressa do termo Defensoria na ordem democrática.

A escolha por esse tema surgiu da necessidade de constatação dos principais problemas eventualmente apresentados para a garantia da assistência jurídica, verificando os efeitos de tais problemas quantos aos necessitados. Além disso, também se aferiu as medidas a serem adotas pela Defensoria para serem amenizados os problemas supramencionados, observando os conceitos adotados por esta instituição, a fim de solucioná-los.

A razão do presente trabalho esteve relacionada ao oferecimento de informações à sociedade brasileira, sobretudo à piripiriense, quanto à importância que possuem as Defensorias Públicas na garantia do acesso ao Judiciário, especialmente para os necessitados. Assim, questionou-se acerca da efetiva atuação da Defensoria Pública na promoção do acesso à justiça, especialmente no Município de Piripiri-PI, sobretudo com relação a sua essencialidade e indispensabilidade. Portanto, sendo a Defensoria Pública instituição essencial à função jurisdicional do Estado, compete-lhe a orientação jurídica e a defesa, em todos os graus, dos desprovidos de recurso, promovendo a mais ampla defesa dos direitos fundamentais dos necessitados. Logo, trata-se de trabalho de grande relevância para o mundo jurídico, bem como à sociedade como um todo, uma vez que cabe à Defensoria prestar a assistência jurídica integral e gratuita aos que comprovarem insuficiência de recursos, promovendo, assim, a garantia dos direitos fundamentais através do acesso à justiça.

Assim, ao longo do trabalho ficou demonstrado a importância da Defensoria Pública e o seu papel na garantia do acesso à justiça gratuita, em especial, a Defensoria Pública do núcleo de Piripiri, verificando a sua importância, o seu modo de atuação, a eficácia da mesma e o contentamento dos assistidos no município de Piripiri-PI. Para melhor elucidação do tema, será desenvolvido no decorrer do trabalho o conceito, peculiaridades e características do acesso à justiça, como também será identificada a função da Defensoria Pública na promoção do mesmo, a fim de interligar tal função reguladora aos problemas apresentados na efetivação das garantias fundamentais dos cidadãos hipossuficientes no município de Piripiri-PI. Para tal mister, serão utilizados autores renomados, a exemplo de Cappelletti e Garth, e de outros que constituem a doutrina especializada no assunto, como a Amélia Soares da Rocha, Defensora Pública do Estado do Ceará.

Dentre os capítulos, o primeiro versará sobre os aspectos introdutórios, o segundo abordará a evolução histórica do acesso à justiça, contendo as ondas renovatórias de Cappelletti e Garth. O terceiro capítulo tratará sobre o acesso à justiça propriamente dito, considerando desde os entraves do acesso à justiça até a superação dos mesmos. Em seguida, no quarto capítulo, será abordado a assistência jurídica integral e gratuita aos necessitados, com a Defensoria Pública na sua missão institucional na defesa dos hipossuficientes no município de Piripiri, destacando os principais problemas apresentados para a garantia da assistência jurídica e as medidas cabíveis a fim de solucioná-los. E por último, o quinto, sexto e sétimo capítulos versarão, respectivamente, sobre a metodologia, análise e discussão de dados e as considerações finais.

2 DO ACESSO À JUSTIÇA

Neste capítulo, serão abordadas as características principais do acesso à justiça, sem pretensão de aprofundar bastante no tema. Nesse sentido, será caracterizado o referido princípio fundamental, com a descrição dos conceitos e elementos integrantes do mesmo, pelos principais doutrinadores atuais especializados no assunto. Além disso, será descrita toda a evolução histórica do acesso à justiça, citando as ondas renovatórias propostas por Mauro Cappelletti.

2.1 Considerações iniciais: conceitos e características.

Segundo Júnior (2012), o direito de acesso à justiça representa uma das maiores evoluções do Estado Democrático de Direito, manifestando-se no inafastável privilégio de buscar a atuação do Poder Judiciário para a proteção de um direito, visto que a nossa atual Carta Maior, em seu art. 5º, XXXV, não excluirá da apreciação do Poder Judiciário qualquer lesão ou ameaça a direito. Assim está disposto a garantia da inafastabilidade da jurisdição, com o que nenhuma lei ou ato pode limitar o acesso ao Judiciário, coibindo, assim, qualquer condicionamento ao acesso à justiça pelo esgotamento das vias administrativas.

Nesse mesmo sentido, destaca Carvalho (2011, p.739):

> Anote-se que o preceito constitucional não reproduz cláusula constante da Emenda Constitucional n.1 de 1969 (art.153,§4º) na qual possibilitava que o ingresso em juízo poderia ser condicionada à prévia exaustão das vias administrativas, desde que não fosse garantida garantia de instância, sem ultrapassar o prazo de 180 dias para a decisão do pedido. Assim, não existe mais o contencioso administrativo: o acesso ao Poder Judiciário é assegurado, mesmo pendente recurso na esfera administrativa.

Conforme ainda Júnior (2012), o direito de acesso à justiça acarreta o entendimento de que nenhuma lesão ou ameaça a direito afastará a intervenção do Poder Judiciário. O controle judicial, assim, deve ter uma maior amplitude possível, a fim de embarcar todas aquelas situações nas quais houver uma lesão ou ameaça a direito de uma pessoa. Nesse sentido, até mesmo as decisões discricionárias do Estado, que apesar da imunidade a qual vigora em relação ao controle do Poder Judiciário, não fogem mais à fiscalização judicial, toda vez que ocorrer uma ofensa a direito.

Entretanto, o ilustre doutrinador cita uma exceção prevista constitucionalmente à regra geral no tocante às ações relativas à disciplina e competições esportivas, ao afirmar que somente "admitirá ações relativas à disciplina e às competições desportivas após esgotarem-se as instâncias da justiça desportiva, regulada em lei. Porém, a justiça desportiva terá o prazo máximo de sessenta dias, contados da instauração do processo, para proferir decisão final (art.217, §§1º e 2º)" (JUNIOR, 2012).

Enfatizando ainda mais o assunto, Tavares (2014) argumenta que o princípio em estudo assegura que qualquer discussão sobre direito, inclusive à ameaça de lesão, não pode ser tirada do julgamento do Poder Judiciário. O comando constitucional dirige-se diretamente ao legislador, o qual não pode, através de lei, demarcar o campo de atividade do Poder Judiciário, sob pena de violação do princípio da separação de poderes.

O direito de acesso à justiça está disposto expressamente no Artigo 8º, inciso I da Convenção Interamericana sobre Direitos Humanos - São José da Costa Rica, ao dispor que "Toda pessoa tem direito de ser ouvida, com as devidas garantias e dentro de um prazo razoável, por um juiz ou tribunal competente, independente e imparcial, estabelecido anteriormente por lei, na apuração de qualquer acusação penal contra ela, ou para que se determinem seus direitos ou obrigações de natureza civil, trabalhista, fiscal ou de qualquer natureza" (BRASIL, 2015).

Assim, conforme Marinoni (2013, p.31),

> O direito de acesso à justiça, atualmente, é reconhecido como aquele que deve garantir a tutela efetiva de todos os demais direitos. A importância que se dá ao direito de acesso à justiça decorre do fato de que a ausência de tutela jurisdicional efetiva implica a transformação dos direito garantidos constitucionalmente em meras declarações políticas, de conteúdo e função mistificadores.

Entretanto, não há que se confundir o princípio do acesso à justiça com o direito de petição previsto no inciso XXIV, alínea "a", art. 5º da Constituição Federal. Em linhas gerais, a diferença entre eles está na forma de se buscar a tutela jurisdicional, visto que no princípio do acesso à justiça existe uma violação a um direito de caráter pessoal, o que não se verifica no direito de petição. Neste, não precisa que o peticionário haja suportado uma violação ou ameaça a direito pessoal, já que é impessoal, bastando o interesse na participação política, no cumprimento da ordem jurídica.

Cappelletti e Garth (1988) argumentam que a expressão "acesso à justiça" serve para determinar duas finalidades básicas no sistema jurídico em que todos podem reivindicar seus direitos ou resolver seus litígios perante o Estado. O primeiro deles é que o sistema deve ser acessível a todos que demandarem perante o mesmo e o segundo, significa que a resolução dos conflitos deve ser individual e socialmente justo a ponto de garantir o acesso efetivo a toda a sociedade.

Nesse sentido, o acesso à justiça é direito fundamental ao exercício da cidadania, não representando apenas o acesso ao judiciário, mas também a consultoria e demais elementos configuradores da justiça social. Devemos observar que o direito de ação não é apenas a provocação do judiciário, instaurando o processo judicial, mas também o direito de acompanhamento. Este se manifesta através de apresentação de sustentação, produção probatória, alegações e diversas outras atividades fundamentais à obtenção efetiva da tutela do direito material ou interesse violado.

Assim, como não mais se admite a autotutela na resolução dos conflitos de interesses, o Estado tem o dever de dizer o direito para aquela situação toda vez que for provocado, substituindo as partes na relação processual e promovendo a pacificação social. A tutela jurisdicional é, portanto, o maior instrumento, a fim de garantir uma ordem jurídica justa, efetivando o livre exercício da cidadania, em busca da justiça social, independentemente de qualquer condição social.

Nesse sentido, Tavares (2014, p.588) proclama:

> Desde que o Estado reclamou para si o monopólio do uso da força (proibindo a autotutela privada), assumiu o dever de assegurar sempre uma prestação jurisdicional. O direito de ação significa a possibilidade de qualquer pessoa dirigir-se ao judiciário, provocando o exercício da jurisdição. Como bem afirma Eduardo Cambi, o direito de ação ''assegura a efetividade do instrumentos necessários à obtenção da tutela jurisdicional.''

Assim, quando se diz que o Estado tem o dever de garantir uma sociedade livre, justa e solidária, significa também que deve garantir uma justiça eficaz, dando a cada um o que é seu por direito conforme a lei e o caso concreto, e assim garantir uma ordem jurídica justa e eficaz. Isto se dá não apenas através do direito constitucional do processo, mas também pelo direito de um processo socialmente justo, admitindo todos os meios probatórios relevantes e permitidos pelo sistema jurídico.

2.2 A evolução histórica.

O acesso à justiça, desde as primeiras civilizações, nunca foi tão parecido com a roupagem atualmente, com seu caráter efetivo e amplo. Entretanto, nota-se que ao menos houve a tentativa de buscar meios de solucionar os conflitos entre as partes, como por exemplo, através da assistência gratuita aos necessitados.

O princípio do acesso à justiça, e consequentemente ao Poder Judiciário, remonta, na história constitucional pátria, à Constituição de 1946, a qual ampliou significativamente o campo dos direitos sociais e foi a primeira a prevê expressamente que "A lei não poderá excluir da apreciação do Poder Judiciário qualquer lesão de direito individual".

Conforme observa Lenza (2014, p.35):

> O inciso XXXV art. 5º da CF/88 vio sedimentar o entendimento amplo do termo ''direito'', dizendo que a lei não excluirá da apreciação do Poder Judiciário lesão ou ameaça a direito, não mais restringindo a sua amplitude, como faziam as Constituições anteriores, ao ''direito individual''. A partir de 1988, passa a se assegurar, de forma expressa e categórica, em nível constitucional, a proteção de direitos, sejam eles privados, públicos ou transindividuais (difusos, coletivos ou individuais homogêneos)

Desde o império de Felipe II, no período das ordenações filipinas, vigora a assistência judiciária no Brasil, com a estabilização constitucional através da entrada em vigor do Código Civil de 1916 e, posteriormente, com a positivação no ordenamento infraconstitucional da Lei nº 1.060/50, assegurando a assistência judiciária integral e gratuita aos necessitados. Entretanto, foi somente com o surgimento da referida lei que os Estados federais se preocuparam pela criação de órgãos de assistência judiciária, com suas garantias e atribuições. O primeiro estado a criar cargo de Defensor Público no país foi o Estado de São Paulo (Lei nº 2.188/54) e, posteriormente, o Estado do Rio de Janeiro (Lei nº 5.111/62).

Com relação à legislação infraconstitucional, a CLT (Consolidação das Leis do Trabalho), promulgada em 1943, faz jus a particular realce por ser o primeiro diploma normativo que se preocupou realmente com o interesse da coletividade, em contraposto ao individualismo que prevalecia. Os vários outros ramos do Direito Processual, entre eles o Direito Civil, durante todo esse tempo na história, permaneceram com características individualistas, conservadoras e tecnicistas.

Por outro, devemos ater que a garantia do acesso à justiça não veio sem nenhuma revolução e de forma tão rápida como poderíamos imaginar. A evolução do acesso à Justiça no Brasil foi extremamente lenta. Foi com as ideias iluministas, em prol dos anseios da população que arcava com todas as despesas do processo frente ao Estado, que começou a surgir a primeira noção de acesso de justiça de forma ampla e gratuita, visto que somente a elite tinha acesso a tal direito, por ser detentora do capital econômico. Assim, só poderiam valer-se à justiça os que tivessem condições financeiras de arcar com seus custos e, se não tivessem condições, não poderiam utilizá-la. Nesse sentido, acesso à justiça, nos moldes dos direitos assegurados no dia de hoje, mesmo com pequenas modificações, realmente não existiu no período imperial, pois o mesmo é fruto de um processo político e histórico ainda não materializado no país àquela altura da evolução.

O sistema jurídico era caracteristicamente formal e indiferente aos problemas reais da sociedade. A sua preocupação consistia em apreciar as normas do processo à base da realidade social e de sua operabilidade em situações hipotéticas, visto que a ideia dos operadores na antiguidade era o mesmo do Poder Judiciário na atualidade, quase sempre distante da realidade social. Assim, a sociedade foi deixando aquela visão individualista de direito para trás, e assumindo um caráter mais coletivo e social (CAPPELLETTI E GARTH, 1988). Portanto, o acesso à justiça começa a se mostrar presente e o Estado, que vai ganhando contorno cada vez mais democrático, é obrigado a tomar medidas sobre a presente situação.

2.3 Ondas renovatórias.

Somente a partir do século XX, é que o acesso à justiça começa a ganhar mais visibilidade e materialidade. Foi justamente nesse período que surgiu um grande e respeitado jurista italiano chamado de Mauro Cappelletti, o qual analisou os sistemas jurídicos de diversos países ao redor do mundo e concluiu, basicamente, que existem três ondas renovatórias, as quais representam as principais técnicas utilizadas pelos países para solucionar os empecilhos que impedem o acesso a justiça.

Nesse sentido, Rocha (2013, p.51) se pronuncia:

> O relatório de Cappelletti e Garth, em suma, divide o problema do acesso à justiça em três ondas, ao mesmo tempo sucessivas e complementares. A primeira diz respeito à capacidade postulatória individual, no mais das vezes obstacularizada por problemas econômicos ou culturais ("desconhecimento da capacidade de opor-se juridicamente a violação"). A segunda, a promoção, proteção e defesa dos então nascentes e mal compreendidos direitos metaindividuais. E a terceira, ao chamado "novo enfoque do acesso à Justiça" na perspectiva de identificação, elaboração e aplicação de técnicas extrajudiciais.

Assim, a primeira onda criada por Cappelletti (1988) seria a da assistência judiciária, influenciada pelos movimentos de reforma do efetivo acesso à justiça, em busca de uma sociedade mais democrática. Assim sendo, a referida assistência judiciária tinha alicerce nos ofícios prestados por advogados particulares, que atuavam sem remuneração e por isso, sem motivação econômica para prestar serviços de qualidade, já que exerciam um múnus público. Isso já era um ótimo começo, mas o Estado não tomou nenhuma postula ativa para garanti-lo. Assim, tais serviços acabaram sem grandes resultados e o Estado teve novamente que adotar medidas mais eficazes para a melhoria do serviço e atuar de forma isonômica com relação a todos que necessitassem de assistência judiciária.

Portanto, com relação às reformas surgidas na época, Cappelletti (1988) assinala três sistemas de prestação de assistência judiciária gratuita. O primeiro foi chamado de Sistema Judicare, o qual, segundo o autor, representa um sistema de assistência judiciária colocada à disposição de todos os cidadãos de baixa renda que necessitassem, sendo representado por um advogado particular pago pelo Estado. Deste modo, o acesso à justiça estaria garantido com sua não limitação aos direitos básicos fundamentais, mas, sobretudo a uma ordem jurídica igual para todos, sem discriminação de qualquer origem.

Entretanto, esse sistema jurídico, a despeito de enorme contribuição, mostrava enormes limitações e por isso, sofreu diversas críticas por parte de estudiosos. Uma delas seria a incapacidade de acabar com obstáculos sociais e culturas que dificultavam o acesso à justiça, como a impossibilidade da defesa de direitos coletivos e difusos, em razão de sua fundamental importância para a defesa dos direitos das classes mais pobres.

Com o objetivo de solucionar tais problemas, surgiu outro sistema de assistência judiciária conhecido como Office of Economic Opportunity, tendo como principais objetivos auxiliar os pobres na reivindicação de seus direitos, tendo uma postula mais ativa, além de criar uma classe de advogados na defesa dos mesmos. No entanto, tal sistema mesmo assim sofreu diversas críticas, visto considerava os pobres incapazes de reivindicar seus direitos, pois sempre necessitavam de alguma pessoa na sua defesa, além da impossibilidade de extensão do acesso à justiça, à classe mais alta, como fez o Sistema Judicare.

Por último, o terceiro sistema, chamado de Modelos Combinados, surgiu primeiramente da Suécia e veio com a combinação dos dois anteriores, proporcionando a opção de atendimento por advogados particulares ou públicos. O principal destaque para esse sistema foi o reconhecimento dos pobres como classe, sem, todavia, deixar de lado seus direitos individuais. Assim, como já colocado alhures, foi somente com a Lei nº 1060/50, desde as ordenações Filipinas, que a primeira onda de Cappelletti ganha coerência, sendo posteriormente incorporada com status de garantia constitucional em 1988, ano da publicação de nossa atual Carta Magna.

Nesse diapasão, conclui Mauro Cappelletti (1988, p.125) que:

> A solução de manter equipes de advogados assalariados, se não for combinada com outras soluções, é também limitada em sua utilidade pelo fato de que – ao contrário do sistema judicare, o qual utiliza a advocacia privada – ela não pode garantir o auxílio jurídico como um direito. Para sermos realistas, não é possível manter advogados em número suficiente para dar atendimento individual de primeira categoria a todos os pobres com problemas jurídicos. Por outro lado, e não menos importante, é o fato de que não pode haver advogados suficientes para estender a assistência judiciária à classe média, um desenvolvimento que é um traço distintivo fundamental da maior parte dos sistemas judicare.

Finalmente, mesmo com a fundamental importância desta primeira onda, ainda assim algumas classes de interesses difusos permaneciam esquecidas, a exemplo dos direitos consumeristas e ambientais. Nesse sentido, Mauro Cappelletti (1988) propôs a segunda onda reformista. Nesta, a questão principal diz respeito à proteção dos direitos difusos e coletivos, abordando algumas falhas do sistema Judiciare, visto que discutia muito além de somente direitos individuais. Assim, a ideia principal de tal sistema era uma modificação do tradicional processo vigente, puramente individual, para uma percepção social e difusa, na proteção dos direitos públicos e coletivos, alargando a proteção de tais direitos.

Destarte, o novo objetivo do processo agora era expandir os legitimados na proteção e defesa dos interesses coletivos, tornando imperativa uma alteração na ação do juiz, a fim de que todos os violados possam ter o efetivo acesso à justiça, como a citação e a forma da defesa, além de um representante adequado na defesa de tais direitos, como o PROCON (Fundação de Proteção a Defesa do Consumidor) e o Ministério Público. Além disso, podemos ainda citar a importância fundamental das ações coletivas, como a ação civil pública, a ação popular e o mandado de segurança coletivo, todas com previsão na Constituição Federal.

Por último, surge a terceira onda renovatória proposta por Cappelletti (1988), a qual foi chamada de novo enfoque do acesso à justiça, aproveitando o avanço das reformas alvitradas anteriores. Nesta, a questão gira em torno da supressão de todos os obstáculos do acesso efetivo à justiça, compreendendo a utilização de meios mais alternativos, a fim de solucionar os conflitos de interesses de todos que tenham interesse, visto que nenhuns dos sistemas anteriores foram capazes de apresentar mudanças práticas no mundo real.

Entretanto, para isso, é preciso que se façam modificações na forma dos procedimentos, na composição dos tribunais ou mesmo o surgimento de outros, além de profissionais devidamente capacitados e alterações na legislação procedimental, a exemplo do novo CPC (Código de Processo Civil), com o fim de evitar e solucionar litígios. Assim, no sistema jurídico dessa terceira onda, buscam-se meios judiciais ou, principalmente, extrajudiciais, sempre voltados para a prevenção de conflitos. Nesse sentido, podemos citar o tão conceituado Juizado Especial de pequenas causas, com o uso da conciliação e arbitragem, meios alternativos de resolução de conflitos.

Portanto, esta última onda renovatória concebe uma transformação de mentalidade na medida em que garante, de maneira mais eficaz, o direito de acesso à justiça, visto que, além de juntar as duas ondas antecedentes, aperfeiçoaram-as com novos conceitos e instrumentos que não apenas o judicial. Nesse sentido, tal onda renovatória nos faz perceber que a Justiça não se faz somente através da jurisdição, mas também por meios alternativos já citados anteriormente que tornam, às vezes, muito mais eficazes do que o processo propriamente dito. Nesse sentido, observa-se que o magistrado deve atuar de forma mais ativa, sendo criativo e inovador na condução do processo, deixando de lado aquele papel tradicional de mero expectador.

3 DOS ENTRAVES AO ACESSO À JUSTIÇA

Como o direito de acesso à justiça é o principal instrumento efetivador dos demais direitos fundamentais, além de ser um direito fundamental e concretizador da cidadania, sucedeu o desafio de pesquisar quais os principais óbices que se contrapunham a esse direito, com suas possíveis soluções. Assim, serão citados nesse capítulo os principais obstáculos do acesso à justiça e os instrumentos utilizados para a superação de tais barreiras.

3.1 Principais obstáculos.

O acesso à justiça é, assim, o princípio fundamental que rege e fundamenta todas as garantias fundamentais à disposição dos cidadãos, sendo o garantidor de uma ordem jurídica livre, justa e solidária. Entretanto, para a persecução de tal mister e resolver todas as situações de conflito, é necessário que o Estado forneça a prestação de uma tutela adequada, efetiva e tempestiva, a qual faz jus tanto ao demandante quanto ao demandado.

Assim, a efetividade do processo judicial com todas as suas garantias significa ter a disposição dos jurisdicionados alternativas capazes de eliminar obstáculos que colocam em risco os seus direitos fundamentais. Nesse sentido, podemos citar desde o momento inicial de uma demanda judicial (ou extrajudicial), com o desenrolar do processo e seus institutos, até a efetividade de uma decisão justa para ambas as partes.

Entretanto, segundo Cintra (2014, p.2014)

> É necessário eliminar todas as dificuldades econômicas que impeçam ou desanimem as pessoas de litigar ou dificultem o oferecimento de defesa adequada. A justiça não deve ser tão cara que o seu custo deixe de guardar proporção com os benefícios pretendidos. É preciso também eliminar o óbice jurídico representado pelo impedimento de litigar para a defesa de interesses supra-individuais (difusos e garantidos).

A seguir, serão apresentados alguns dos principais entraves do acesso à justiça, explicitando as causas e feitos de cada um. Primeiramente, um dos principais entraves do acesso à justiça se refere às custas do processo, no tocante às desigualdades econômicas existentes na sociedade. Tal problema tem correlação com as custas judiciais exigidas pelo Estado para a prática da jurisdição, apesar da evidente contradição com o princípio da inafastabilidade jurisdicional. Nesse sentido, Cintra (2014), afirma que o processo civil tem-se mostrado um instrumento caro, seja pela necessidade de antecipar custas ao Estado, seja pelos honorários advocatícios ou periciais.

Entretanto, é exigido, salvo algumas exceções legais como no caso da justiça gratuita, despesas em geral na instauração e condução do processo, como a contratação de um advogado e para a produção de provas, como bem observa Gonçalves (2014, p. 186)

> Há atos, no curso do processo, que implicam despesas. Por exemplo, os relacionados à prova pericial, que exigem o pagamento dos honorários do perito. Salvo os casos de justiça gratuita, cumpre às partes prover as despesas dos atos que realizam ou requerem no processo. Mas qual das partes? Aquela que sucumbir que obtiver resultado desfavorável.

Assim, grande parte da sociedade, devido às questões financeiras, pode estar deixando de propor a ação e assim, tolerando um gravame desproporcional que mitiga seu direito individual indisponível, abandonando seus direitos garantidos por lei. Desse modo, apesar da existência de vários mecanismos legais tutelando seus direitos, para que haja sua efetivação, é necessário que medidas eficazes de implementação sejam inseridas, a fim de garantir a máxima atuação do Estado na defesa dos necessitados. No mesmo sentido Rocha (2013, p.48) recomenda:

> Encontrar mecanismos eficazes para que a instituição e seus membros se guiem em coerência com a sua natureza e missão tem sido um desafio que se esbarra em vários obstáculos objetivos e subjetivos, perceptíveis e subliminares, que vão desde a juventude da instituição à descrença na existência do serviço publico como realmente consciente da sua obrigação de bem servir o povo.

Ademais, o Estado tem o dever de oferecer advogado aos impossibilitados economicamente de custear a assistência judiciária, segundo preceito constitucional inserido no art. 5º, LXXIV, o qual diz que "o Estado prestará assistência jurídica integral e gratuita aos que comprovarem insuficiência de recursos". Assim sendo, conforme Lenza (2014, p.986), "esse direito fundamental instrumentaliza-se por meio da Defensoria Pública, instituição essencial à função jurisdicional do Estado, incumbindo-lhe a orientação jurídica e a defesa, em todos os graus, dos necessitados, nos termos do art. 134, caput, da CF/88".

Importante observar que, desse direito constitucional pode desfrutar todos os brasileiros nacionais ou estrangeiros residentes no País, em todas as esferas de Poder e grau de jurisdição, necessitando comprovar apenas o estado de necessidade. Este, é dado mediante simples declaração da parte de que não está em condições de pagar as custas do processo e os honorários de advogado, sem prejuízo do sustento próprio ou da família, conforme art. 4º da lei nº 1.060/50.

Assim, a referida lei citada acima, define o que abrange a assistência judiciária no seu artigo terceiro, senão, vejamos:

> I – das taxas judiciárias e dos selos; II – dos emolumentos e custas devidos aos juízes, órgãos do Ministério Público e serventuários da Justiça; III – das despesas

> com as publicações indispensáveis no jornal encarregado da divulgação dos atos oficiais; IV – das indenizações devidas às testemunhas que, quando empregados, receberão do empregador salário integral, como se em serviço estivessem, ressalvado o direito regressivo contra o poder público federal, no Distrito Federal e nos Territórios, ou contra o poder público estadual, nos Estados; V – dos honorários de advogado e peritos; VI – das despesas com a realização do exame de código genético – DNA que for requisitado pela autoridade judiciária nas ações de investigação de paternidade ou maternidade (inciso acrescido pela Lei nº 10.137, de 6-12-2001).

Além disso, quando deferida a solicitação de assistência gratuita, ao juiz competirá adotar as providências a fim de oferecer um advogado que atue na causa do interessado. Por outro lado, caso o Estado não tenha à sua disposição serviço com tal finalidade, incumbirá à Ordem dos Advogados do Brasil prestar a devida assistência. Por último, na ausência deste, o próprio juiz deverá indicar um advogado dativo de sua confiança para patrocinar a defesa do necessitado, com remuneração paga pelo Estado.

Outro entrave do acesso à justiça se refere à falta de informação da sociedade, principalmente os desprovidos de recursos, com relação a seus direitos fundamentais, entre eles o do acesso à justiça. A principal causa decorre do fato de que os mais necessitados, na maioria das vezes são analfabetos, sem nenhuma condição de adotar medidas que possam efetivar seus direitos. Tal problema, todavia, poderia ser resolvida se os mais pobres tivessem acesso à consultoria jurídica prestada pelo Estado de forma mais acessível.

No mesmo sentido, observa Cappelletti e Garth (1988):

> Na medida em que o conhecimento daquilo que está disponível constitui pré-requisito da solução do problema da necessidade jurídica não atendida, é preciso fazer muito mais para aumentar o grau de conhecimento do público a respeito dos meios disponíveis e de como utilizá-los.32

Além dos problemas verificados acima, destaca-se outro de fundamental importância. É a questão da tormentosa demora processual, "inimigo capital" da celeridade processual. Todavia, não é o que dispõe o art. 5º, LXXVIII, da CF/88, senão vejamos: "a todos, no âmbito judicial e administrativo, são assegurados a razoável duração do processo e os meios que garantam a celeridade de sua tramitação" (BRASIL, 2015).

Assim, apesar da disposição constitucional, o que geralmente ocorre é que as decisões judiciais são resolvidas muito tempo depois da propositura da demanda, tornando inútil o pedido proposto pela parte, perdendo assim o interesse na causa. Nesse sentido, estudiosos apontam o excesso de demanda e a escassez de juízes como as principais causas do problema.

Entretanto, com relação a isso, ressalva Moraes (2014, p.113):

> No contexto da reforma do Judiciário e buscando efetivar a celeridade processual, a Lei nº 11.419/06 regulamenta a informatização do processo judiciário, estabelecendo

a possibilidade de utilização do meio eletrônico na tramitação de processos judiciais, comunicação de atos e transmissão de peças processuais, indistintamente, aos processos civil, penal e trabalhista, bem como aos juizados especiais, em qualquer grau de jurisdição.

No mesmo sentido, ocorrem no âmbito dos juizados especiais criado pela Lei 9.099/95, cuja finalidade primordial é basicamente conduzir as partes à conciliação. Assim, aos poucos, conforme observa Junior (2014), vai encaminhando-se para processos e procedimentos em que o objetivo maior é a solução justa e adequada dos litígios, reduzindo as tensões sociais, com prioridade para a pacificação social em lugar da guerra judicial.

Outro grande problema do judiciário que afeta o acesso à justiça, refere-se à estrutura do Poder Judiciário, a qual não acompanhou a evolução da sociedade em busca dos anseios sociais. Assim, o que se observa, em praticamente todas as regiões, é a falta de juízes e servidores públicos. Sendo assim, tal problema tem como consequência a incapacidade de solucionar os litígios de forma mais rápida possível.

Além disso, podemos citar outras dificuldades ocorridas no judiciário que contribuem para o problema relatado acima, a exemplo das péssimas qualidades dos departamentos em que ficam os fóruns, e também a falta de qualificação dos servidores públicos. Com isso, as condições em que trabalham os magistrados, às vezes, não são dignas com a responsabilidade dos mesmos, sendo que o acúmulo de processo só aumenta a cada dia.

Ainda, há que considerar o excesso de formalismo como outro gravame dificultador do princípio em comento. Isto porque, longe de contribuir para a efetividade do processo, tal formalismo muitas vezes é utilizado para a prática de atos procrastinatórios pela parte, servindo ainda mais para adiar a satisfação dos interesses em conflito. Como exemplo disso, podemos observar a quantidade enorme de atos e recursos em trâmite no Judiciário, em evidente contradição ao princípio da economia processual. Nesse sentido, observa Humberto Teodoro (2014), ao afirmar que o princípio da economia processual está diretamente relacionado ao devido processo legal, porquanto a prática de atos inúteis e desnecessários gera embaraço à rápida solução do litígio, dificultando a atividade jurisdicional.

3.2 Superação dos obstáculos do acesso à Justiça.

Depois de verificados os principais obstáculos que dificultam o acesso à justiça, serão apresentados a seguir alguns instrumentos criados pelo legislador na tentativa de solucionar as referidas barreiras do acesso à justiça.

A primeira delas, senão a mais importante refere-se à assistência judiciária gratuita, a qual teve origem, conforme já destacado, nas ordenações filipinas, garantido, além da assistência judiciária propriamente dita, a assessoria preventiva e extrajudicial, englobando todas as despesas necessárias ao acesso à justiça. Além disso, com o surgimento da Constituição Federal, houve a garantia de isenção dos pobres ao pagamento de taxas, como o da certidão de nascimento ou as ações constitucionais, como o habeas corpus e habeas data.

Nesse sentido, o parágrafo único do art. 2º, da Lei 1.060, de 1950, a qual dispõe que "considera-se necessitado, para os fins legais, todo aquele cuja situação econômica não lhe permita pagar as custas do processo e os honorários de advogado, sem prejuízo do sustento próprio ou da sua família" (BRASIL, 2015). Assim, sem entrar minuciosamente no assunto, visto que será tratada no próximo capítulo, a Constituição estabelece que o advogado é indispensável à administração da justiça, sendo que, no caso dos necessitados, o papel cabe às Defensorias Públicas.

Como relações à proteção dos direitos difusos, coletivos e individuais homogêneos, existem ações adequadas à defesa de tais direitos, tais como a ação civil pública, a ação popular, o mandado de segurança coletivo, o mandado de injunção coletivo, além das ações constitucionais, como ADIn (ação declaratória de inconstitucionalidade), ADC (ação declaratória de constitucionalidade), ADPF (ação de descumprimento de preceito fundamental). Todos são formas de garantia de direitos tuteláveis pela justiça gratuita.

Outra importantíssima inovação no ordenamento jurídico se refere aos meios alternativos de pacificação social. Deixando de lado a função exclusivamente judicial que imperava antes do advento da Carta Maior, o Estado procurou meios de resolver os litígios de forma mais célere. Isto por que o mesmo vinha fracassando no seu papel pacificador, causando a morosidade da justiça.

Tal morosidade, entretanto, é causada principalmente por conta de todos os atos processuais que burocratizam o acesso efetivo à justiça, sendo o processo necessariamente formal, visto que as partes têm o direito de participar intensamente, desde o pedido, a impugnação, até o provimento jurisdicional. Assim, conforme Cintra (2014, p. 50), "o tempo é inimigo da efetividade da função pacificadora. A permanência de situações indefinidas constitui fator de angústia e infelicidade pessoal".

Dessa forma, problemas como a duração do processo e o seu custo, e outras dificuldades têm conduzido os processualistas modernos a cogitar meios alternativos para a solução de conflitos, como a conciliação, a mediação e a arbitragem. Nestas formas de resolução de conflitos, as principais características, segundo Cintra (2014), são a ruptura com o formalismo processual, a gratuita da justiça e a delegalização, caracterizadas por vastas margens de liberdade do juiz nas soluções não jurisdicionais.

A conciliação, além da Constituição Federal, está presente em diversas instruções normativas, como na CLT (Consolidação das Leis do Trabalho), arts. 847 e 850, prevendo duas tentativas de conciliação, no CPC, ao dispor em seu art. 125, inc. IV, que o juiz deve tentar a qualquer tempo conciliar as partes e também a previsão da audiência preliminar no ordenamento ordinário quando a causa versar sobre direitos disponíveis. Outrossim, com essa vertente da conciliação, surgiu a lei 9.009/95, intitulada como Lei dos Juizados Especiais, que nos dizeres de Cintra (2014, p.52):

> É particularmente voltada à conciliação como meio de solução de conflitos, dando a ela especial destaque ao instituir uma verdadeira fase conciliatória no procedimento que disciplina: só se passa à instrução e julgamento da causase, após a tentativa, não tiver sido obtida a conciliação dos litigantes sem a instituição do juízo arbitral.

Já a mediação, apesar de semelhante à conciliação, os interessados utilizam, diferentemente desta, a intermediação de um terceiro particular para aproximarem-se à pacificação do conflito. Assim, embora o resultado seja o mesmo, a única diferença é que, na conciliação, o acordo entre as partes surge como mera consequência, não um fim em si, como acontece na conciliação. Já na arbitragem, apesar de ser um instituto em desuso no Brasil, ganhou força com a entrada em vigor da Lei dos Juizados Especiais (lei nº 9099/99) e com a Lei da Arbitragem (lei nº 9.307/96), surgindo também como meio alternativo de pacificação de conflitos, com a especialidade de admitir a atuação em matéria cível.

Ademais, com o advento do novo código de processo civil, a conciliação se tornou ainda mais presente na ordem jurídica, além de diversos institutos configuradores da celeridade processual. Assim, foi previsto no novo diploma legal a redução do número de recursos que muito procrastinam o andamento do processo, além de que a resolução do processo terá uma ordem cronológica de julgamento, ou seja, por ordem de protocolação no judiciário. Tudo isso com a finalidade de tornar o processo mais célere e efetivo ao cidadão.

Assim é que Cappelleti e Garth (1988) advertiram ser necessário verificar o papel e a importância dos diversos fatores e barreiras envolvidos, de modo a desenvolver instituições efetivas para enfrentá-las. Não é coincidência, pois, a criação da Defensoria Pública nos moldes em que se apresenta atualmente. Assim, pelo que ficou demonstrado acima, verifica-se que os lides de pequenas causas e os autores individuais, notadamente os pobres, sofrem intensas desvantagens em relação aos litigantes organizacionais, adeptos do uso do sistema judicial para obterem seus interesses. Não se pode, ainda, olvidar-se da situação brasileira em que há discriminação em razão da etnia e do gênero.

4 DA ASSISTÊNCIA JURÍDICA INTEGRAL E GRATUITA AOS NECESSITADOS

Neste capítulo, será discutida inicialmente a garantia fundamental da assistência jurídica integral e gratuita aos necessitados, apresentando seus aspectos gerais, conceitos e características. Em seguida, será estudado o órgão principal garantidor de tal garantia, abordando seus fundamentos, organização e funcionamento. Por fim, será abordado o papel da Defensoria Pública na sociedade jurídica em geral, discutindo seus princípios fundamentais.

4.1 Da assistência jurídica em geral.

A Assistência Jurídica integral e gratuita, prevista como direito fundamental no art. 5ª, LXXIV, da Carta Superior, é o direito de orientação dos necessitados, judicial ou extrajudicialmente, sempre que pleitear uma prestação do Estado. Nesse sentido, a defesa dos interesses dos mesmos não se limita ao Judiciário, mas a qualquer pretensão, como consultorias, processos, informações, em todos os graus e esferas de governo. Assim, em tese, os hipossuficientes de recursos estariam em igualdade de condições com os demais interessados.

Ademais, a preocupação do Estado sempre esteve relacionada com a defesa dos necessitados, a fim de propiciar a todos uma ordem jurídica justa e igualitária. Nesse sentido, a assistência jurídica gratuita e integral surgiu para suprir tal objetivo fundamental do Estado. Entretanto, embora Mauro Cappelletti fale em assistência judiciária, diversos autores argumentam que a terminologia mais adequada seria assistência jurídica, já que a referida expressão possui uma maior amplitude e alcance.

Deste instituto, tais beneficiados têm acesso à tutela jurisdicional mediante o acesso a advogados pagos pelo Estado, e livre do pagamento das custas e honorários advocatícios, sendo a cargo deste o pagamento das referidas custas. Assim, segundo Carvalho (2012), o conceito de assistência integral e gratuita é muito mais amplo do que a simples assistência judiciária, uma vez que engloba os serviços prestados fora do judiciário.

Já na legislação infraconstitucional, o referido instituto está positivado na lei nº 1.060/50, prevendo as condições para o exercício de tal garantia aos necessitados. Conforme a referida lei, a gratuidade da justiça gratuita engloba tanto a isenção de custas e honorários do processo como também a garantia de um causídico, todas as vezes que necessitar, na tutela de um direito dentro ou fora do juízo.

4.2 A Defensoria Pública: generalidades.

Como é cediço, o Estado prestará a assistência jurídica integral e gratuita aos que comprovarem insuficiência de recursos, conforme disposição constitucional insculpido no art. 5º, LXXIV da Constituição Federal, que trata dos direitos e garantias constitucionais. Ocorre que, para se fazer exercer tal direito, é preciso que se tenha uma instituição adequada e independente que possa atuar livre de subordinação. Assim, foi criado as Defensorias Públicas, incumbindo-lhe a orientação jurídica e a defesa, em todos os graus, dos necessitados, conforme art. 134, caput, da CF/88 (BRASIL, 2015).

Nesse sentido, a Defensoria Pública surgiu na atual Constituição Federal, tanto em âmbito federal, distrital ou municipal, com o escopo de atender todo aquele que não tenha condições de pagar um advogado sem prejuízo de seu próprio sustento e de sua família. Nesta lógica, Cunha (2012, p.1194) conceitua a Defensoria Pública como "instituição essencial à função jurisdicional do Estado, incumbindo-lhe a orientação jurídica e a defesa, em todos os graus, dos necessitados, na forma do art.5º, LXXIV, da CF/88".

Entretanto, quando se fala em insuficiência de recursos e necessitado, não quer dizer apenas o desprovido de recursos econômicos, visto que a realidade jurídica apresenta outros tipos de necessidade e insuficiência de recursos. Assim, podemos citar o caso de um réu em um processo penal em que o mesmo deve ter assistência técnica em todos os casos, independentemente da sua condição financeira. Nesse sentido, Rocha (2013, p.82) afirma que "Constituição não restringiu a ausência de recursos à falta de recursos econômicos. Nem poderia fazê-lo sobe pena de incongruência com seus próprios princípios, pois estes determinam a igualdade a todos os necessitados de Justiça. Não se admite a leitura restritiva de direitos fundamentais".

Assim, continua a mesma autora, que o "necessitado de Justiça é, pois, quem, por sua condição de vulnerabilidade, não tem acesso aos recursos necessários à sua defesa. A missão constitucional da Defensoria Pública é garantir o acesso à justiça aos necessitados, assim compreendidos como aqueles que por circunstâncias sociais, econômicas, sexuais, étnicas e/ou culturais, não têm acesso aos recursos para exercitar com efetividade seus direitos".

Outrossim, sobre a amplitude gratuidade da justiça, a LC nº 132, atualizando a LC nº 80/94, reformou o inciso VII, do artigo 3º da Lei 1.060/50, deixando expresso que a gratuidade da justiça engloba todas as hipóteses de pagamento, prévio ou posterior, de despesas processuais (BRASIL, 2015). Assim, o rol que antes era apenas taxativo, tornou-se exemplificativo. Entretanto, deve-se observar que a gratuidade do acesso à justiça não abrange o pagamento de multas por ato da parte, por decorrer de comportamento abusivo da mesma.

Ademais, recorde-se que o fato da parte ter advogado constituído nos autos não quer dizer que não possa se beneficiar da gratuidade da justiça. Assim, se o beneficiário da Assistência Judiciária gratuita opta por um advogado particular, mesmo tendo à disposição advogados públicos pagos pelo Estado, deverá este arcar com os ônus do processo.

Conforme preceito constitucional, em 1994 foi publicado a LC/80, intitulada como Lei Orgânica da Defensoria, de âmbito nacional. A referida lei surgiu com a finalidade de ampliar e organizar o papel da instituição, conferindo autonomia e, sobretudo, incentivando ainda mais o resolução de conflitos extrajudicialmente. Além disso, no aperfeiçoamento da defesa da população carente, o ato normativo ainda conferiu ao órgão a atuação descentralizada, com especial atenção aos seguimentos da população mais vulnerável, como crianças, pessoas com deficiência, mulheres e idosos.

Nesse sentido, observa Rocha (2013) que os objetivos da Defensoria Pública, estampados no art. 4º da LONDP (Lei Orgânica Nacional da Defensoria Pública), são meramente exemplificativos. Assim, as funções institucionais do órgão, assegurados por meio da Constituição Federal, disponibilizam o manejo de todos os meios necessários à plena e integral defesa dos necessitados, tendo aptidão para atuar frente em qualquer situação.

4.3 A Defensoria Pública, seus princípios e funções institucionais.

Em que pese já existir a previsão da assistência judiciária nas constituições brasileiras anteriores, foi somente com atual Carta Magna que a Defensoria Pública foi criada e prevista expressamente. Entretanto, para que a mesma possa atuar na defesa dos necessitados, é preciso dotar a instituição de garantias que impeçam a ingerência de outro Poder na mesma. Assim, segundo Rocha (2013, p.97):

> A questão é muito simples e objetiva: a igualdade, na prática, causa muito incômodo e só poderá ser alcançada se a instituição tiver real independência e força no enfrentamento dos clássicos obstáculos ao acesso à Justiça. Por outro lado, é preciso ter instrumentos- e a Ouvidoria Externa é um deles- para que a autonomia não seja deturpada e utilizada equivocadamente.

Dessa forma, sem a devida independência, a citada autora argumenta que o amparo aos direitos do pobre é simplesmente formal e, o pior, legitimador da condição de desigualdade, que ainda é conveniente a muitos espaços de poder. A verdadeira defesa, assim, tem reflexos nos alicerces de nossa pátria, e a alteração dessa realidade não interessa a todos.

Nesse sentido, a ideia é de uma Defensoria Pública forte, independente e transformadora, capaz de exercer com altivez sua missão constitucional, livre de ingerências políticas.

Assim, a Constituição brasileira, de maneira inequívoca e impulsionada por um imperativo de efetividade, considera a Defensoria Pública "um alicerce do Estado Democrático de Direito". Segundo Rocha (2013), o fim, portanto, é garantir o eficaz atendimento dos direitos e interesses das pessoas em condição de vulnerabilidade, o que só ocorre com a verdadeira autonomia política, a qual pressupõe a autonomia financeira, administrativa e funcional.

Tal como a carreira do Ministério Público e da Magistratura, a Defensoria Pública se divide em três ramos distintos, qual seja, Defensoria Pública da União, Defensoria Pública do Distrito Federal e dos Estados. Mas, todas com fundamento institucional nos mesmos princípios e atribuições, que é defender o necessitado. Assim, conforme Rocha (2013, p.111), "ao mesmo tempo em que se estabelece uma necessária unidade nacional, permite-se a adequação às peculiaridades regionais em respeito ao pacto federativo, todos com base nos mesmos princípios, objetivos e funções institucionais".

Os princípios institucionais da Defensoria, pois, são a base onde se cravam as raízes da Defensoria e lhe adjudicam a identidade, são aqueles que viabilizam o seu papel institucional e, nos termos do artigo 3º da LONDP, abrangem a unidade, a indivisibilidade e a independência funcional. O princípio da unidade, nas palavras de Rocha (2013, p.112):

> Estabelece que a Defensoria Pública corresponde a uma coesão orgânica, com mesmo comando, finalidade, propósitos, objetivos e metodologia. É "medida principiológica destinada a proteger a integridade institucional da Defensoria Pública, como adverte o Defensor Público mineiro Gustavo Corgosinho".

Assim, é o princípio da unidade que lhe confere a força institucional necessária a que se possa ter acesso às instâncias de poder e realmente garantir o acesso à Justiça das pessoas em condições de vulnerabilidade. Nesse sentido, o membro da Defensoria Pública, segundo Rocha (2013), enquanto instituição una dentro de seu sistema de execução, não pode atuar individualmente ao livre-arbítrio da instituição, visto que o mesmo não é órgão próprio e nem advogado, mas órgão de execução da Defensoria, devendo obediência a seus princípios e objetivos institucionais.

Já a independência funcional tem por função resguardar o membro da Defensoria de qualquer ingerência, inclusive dos seus próprios membros organizacionais, garantindo, assim, a liberdade na defesa das pessoas pobres, permitindo uma atitude criativa e prospectiva. Nesse sentido, tal garantia conferida ao membro não pode ser invocada como razão ou justificativa para o afastamento dos princípios, funções e objetivos institucionais, já que, repita-se, a identidade não é pessoal, mas institucional. Nesse sentido, ressalva Rocha (2013, p.117):

> A independência funcional não significa que o membro da Defensoria pode conduzir a tática da defesa segundo o seu próprio entendimento e estratégia, sem submeter-se a pressões de qualquer ordem. Tal princípio visa à força necessária a suportar-pressões decorrentes da defesa dos vulneráveis. Por isso apesar de existir no ápice da organização defensorial o Defensor Público-Geral, os mebros da instituição a ele estão subordinados apenas sob o ponto de vista administrativo, sem qualquer submissão ideológica- até mesmo porque o Defensor-Público-Geral é um colega que após o mandato voltará ao órgão de atuação.

Uma decorrência de tal princípio é que nunca o Defensor pode se escusar de sua obrigação legal, que é a defesa do necessitado. Entretanto, existe uma diferença entre recusar a atuação e entender que não cabe a atuação institucional, pois na primeira hipótese sequer o problema do assistido foi analisado, porquanto na segunda, tenha sido prestado o serviço de consultoria jurídica com o problema devidamente analisado. E do mesmo modo que é direito do Defensor entender que inexiste hipótese de atuação institucional, é direito de o assistido ter revista essa posição.

Já o princípio da indivisibilidade surge como consequência do princípio anterior, visto que tem a mesma motivação de viabilizar a integridade da instituição, não admitindo fracionamento. Assim, ambos os princípios admitem que os membros da Defensoria Pública possam substituir-se uns aos outros, sem que haja prejuízo na atuação da instituição ou a validade do processo, desde que cumpridas às regras previstas em lei. Entretanto, adverte Rocha (2013, p.114):

> Assim, não obstante "irmãos", o princípio da unidade não se confunde com o da indivisibilidade. O primeiro diz respeito à estrutura hierárquica, administrativa e institucional, porquanto o segundo, à atuação institucional; enquanto o princípio da unidade garante o mesmo núcleo gestor, o da indivisibilidade, que cada membro é a instituição; enquanto o primeiro tem uma maior aplicabilidade política-administrativa, o segundo tem uma maior perspectiva técnica-funcional.

Portanto, são tais princípios as raízes do sentimento institucional, onde todos perseguem um único fim, que é a realização dos objetivos institucionais. Estes estão expressos no art. 3º da LONDP, quais sejam: a primazia da dignidade da pessoa humana e a redução das desigualdades sociais; a afirmação do Estado Democrático de Direito; a prevalência dos direitos humanos e a garantia dos princípios constitucionais da ampla defesa e do contraditório (BRASIL, 2015).

No tocante às funções institucionais da Defensoria Pública, é importante salientar que estas não são um fim em si mesmo, mas meios para que a melhor prestação de serviço possa alcançar os seus destinatários. Assim, segundo Rocha (2013, p.123), "o foco da

Defensoria é resolver o problema que aflige a pessoa vulnerável da forma mais eficaz, célere e efetiva, viabilizando-lhe a fruição do justo, concretizando o acesso à justiça".

Assim, todos os incisos do art.4 da LONDP, ao anunciar as funções institucionais da Defensoria Pública, não inovam, apenas explicitam e sistematizam, em perspectiva federativa, as inúmeras e necessárias possibilidades de atuação da instituição. Assim, sendo considerados pela doutrina como hipóteses meramente exemplificativas, subordina a ação da Defensoria Pública à defesa das pessoas vulneráveis.

Nesse sentido, afirmando que as autênticas funções institucionais da Defensoria relacionam-se com as lutas de direitos humanos, Amélia Soares da Rocha (2013) dividiu as mesmas em quatro partes, quais sejam, a função institucional de promoção, proteção, defesa e instrumentais. Assim, conforme as precisas palavras de Rocha (2013, p.135), "promoção é educação. Proteção é ação permanente. Defesa é reação pontual. Instrumentais são os meios. Todas são complementares".

Entretanto, para a efetivação de seus princípios e funções institucionais, é preciso atribuir ao Defensor Público, enquanto agentes políticos de Estado, certas prerrogativas e garantias. Nesse sentido, a LONDP trata, a um só tempo, do ingresso na carreira, da inamovibilidade e da remoção. Além disso, há a previsão de direitos, deveres, proibições, impedimentos e responsabilidade funcional dos membros da instituição. Tudo isso com um fim único: a melhor atuação na defesa dos necessitados.

Portanto, sabemos que tradicionalmente o Sistema de Justiça é pautado por quem tem recursos para suportar os custos, tempo e riscos da demanda. Os problemas das pessoas pobres muitas vezes sequer são conhecidos adequada e profundamente e, quando o são, pelo desconhecimento da realidade concreta, muitas "soluções" acabam desprovidas de efetividade. Essa distância é uma das razões do afastamento entre norma e realidade- temos uma excelente normatividade e uma desastrosa realidade- e rompê-la é uma das razões de existência da Defensoria. Assim, muitos sequer sabem que têm direito a algum tipo de reparação e muito menos aos meios de exercê-la. Daí a grande importância, como vimos, da Defensoria Pública na educação em direitos.

5 METODOLOGIA

A metodologia, segundo Figueiredo (2011, p. 89), "cuida dos caminhos, dos procedimentos e das formas de fazer ciência. É uma preocupação instrumental na construção do saber." Já a pesquisa, adverte o citado autor, significa busca, indagação, inquirição e informação. Entretanto, para ser pesquisa científica, a mesma deve ser feita de maneira ordenada, com métodos e técnicas de coleta de dados apropriados à natureza do estudo. A pesquisa de campo, conforme o mesmo autor, "consiste na observação espontânea dos fatos ou fenômenos, geralmente no próprio local onde ocorrem tais fenômenos".

Nesse sentido, para desenvolver o presente trabalho, optou-se por uma pesquisa de campo descritiva e exploratória, de abordagem qualitativa, no município de Piripiri-PI, nos meses de Outubro de 2014 a Dezembro de 2014. A finalidade da pesquisa descritiva é narrar certos caracteres populacionais, fenomenológicos ou mesmo relações obtidas através do uso de técnicas de coleta de dados padronizadas, ao passo que a pesquisa exploratória acarreta maior afinidade com o problema, tornando-o mais explícito (FIGUEIREDO, 2011). Já a pesquisa qualitativa trabalha perante a impossibilidade de alcançar, através de dados estatísticos, alguns fenômenos intuitivos, perceptivos e subjetivos (MINAYO, 1994).

Portanto, nesse ínterim, foi executado um questionário misto, contendo quinze questões, que será aplicado à população piripiriense de forma análoga, como também, foram coletados dados referentes aos serviços prestados à população carente na comarca de Piripiri-PI, em especial nas Varas Cíveis e Criminais e Delegacia de Polícia desta cidade. A pesquisa teve como critério de inclusão pessoas de ambos os sexos, com idade superior a dezoito anos, que sejam usuárias do serviço prestado pela Defensoria Pública. As entrevistas foram desenvolvidas apenas após a obtenção do consentimento livre e esclarecido dos entrevistados, sendo concretizado através da assinatura, em duas vias, do termo, o qual informou, em linguagem clara e objetiva, a natureza da pesquisa, seus objetivos e métodos, riscos, benefícios, e ainda, sobre a revogação do consentimento, e o sigilo das informações. Os entrevistados tiveram direito a uma das vias do termo de consentimento.

Com relação às formas de análise de coleta de dados, foi utilizado o método comparativo, em que foi feito uma comparação entre dados obtidos no questionário e os dados obtidos no referencial teórico apresentado. Assim, de acordo com Lakatos e Marconi (1991 p. 115), "este método realiza comparações com a finalidade de verificar similitudes e explicar divergências". A fim de melhor desenvolver e complementar, foi utilizado, também, a pesquisa bibliográfica, a exemplo de doutrinas, legislação extravagante, sites etc.

6 ANÁLISE DOS RESULTADOS

A garantia do acesso à justiça está positivada na Constituição Federal de 1988, na categoria de direito fundamental. Assim, o Estado tem o dever de prestá-lo satisfatoriamente, e para isso criou organismos essenciais para tal mister, que é a Defensoria Pública, instituição fundamental ao estado democrático brasileiro, garantindo a todos os necessitados os meios inerentes à proteção de seus direitos básicos.

A Defensoria Pública é colocada em nossa Constituição Federal de 1988 como uma instituição essencial à função jurisdicional do Estado. Assim, como corolário da garantia de uma sociedade livre, justa e solidária, a mesma surgiu para acabar, ou pelo menos diminuir, as desigualdades de classes que quase sempre colocam em cheque os direitos fundamentais dos cidadãos.

Nesse sentido, o acesso à justiça, como dito, é um direito fundamental, o qual não se limita ao acesso ao Poder Judiciário, mas a uma ordem jurídica socialmente justa e solidária, garantindo proteção àqueles que, independentemente da condição financeira, não possam exercer seus direitos de forma integral.

Como observa Júnior (2012, p. 1195):

> Ora, como de conhecimento convencional, é por meio das Defensorias Públicas que o Estado cumpre o seu dever constitucional de garantir o acesso à justiça das pessoas desprovidas de recursos financeiros para fazer frente às despesas com advogado e custas do processo. Nesse contexto, as Defensorias Públicas revelam-se como um dos mais importantes e fundamentais instrumentos de afirmação judicial dos direitos humanos e, consectariamene, de fortalecimento do Estado Democrático de Direito, vez que porque atua como veículo das reivindicações dos segmentos mais carentes da sociedade junto ao Poder Judiciário, na efetivação e concretização dos direitos fundamentais.

A linha de pensamento do autor acima vai de encontro com o objetivo geral deste trabalho. Como se observa do texto do excelente autor, não há como discutir a importância que tem as Defensorias Públicas na efetivação dos direitos fundamentais através da garantia do acesso à justiça aos necessitados. Além do mais, garantia esta que, como deve ser plena, somente será alcançada com a total efetivação dos direitos fundamentais, em especial à saúde, educação, moradia, alimentação, etc.

Nessa mesma direção, podemos citar o pensamento de Lenza (2013, p.960), segundo o qual o surgimento da Defensoria Pública, como instituição fundamental ao Estado Democrático, serviu para garantir um dos princípios basilares do ordenamento jurídico, que é a isonomia, além de fazer valer os direitos de forma integral dos necessitados. Atendendo ao proposto na metodologia e com o objetivo de responder à problematização do projeto, optou-se pela técnica de pesquisa de campo descritiva e exploratória, de abordagem qualitativa, no município de Piripiri-PI, nos meses de Setembro de 2014 a Novembro de 2014.

A pesquisa qualitativa trabalha perante a impossibilidade de alcançar, através de dados estatísticos, alguns fenômenos intuitivos, perceptivos e subjetivos. (MINAYO, 1994). Nesse sentido, foi executado um questionário misto, contendo onze questões, que foi aplicado à população piripiriense de forma análoga, como também foram coletados dados referentes aos serviços prestados pela Defensoria Pública à população carente na comarca de Piripiri-PI, junto ao Fórum da justiça comum, a fim de analisar as medidas judiciais adotadas e o amparo aos direitos dos hipossuficientes.

A pesquisa teve como critério de inclusão pessoas de ambos os sexos, com idade superior a dezoito anos, que sejam usuárias do serviço prestado pela Defensoria Pública. As entrevistas foram desenvolvidas apenas após a obtenção do consentimento livre e esclarecido dos entrevistados, inclusive concretizado através da assinatura, em duas vias, do termo, o qual foi informado, em linguagem clara e objetiva, a natureza da pesquisa, seus objetivos e métodos, riscos, benefícios, e ainda, sobre a revogação do consentimento e o sigilo das informações. Os entrevistados tiveram direito a uma das vias do termo de consentimento.

A fim de melhor desenvolver e complementar o assunto utilizou-se, também, a pesquisa bibliográfica. Para isso, foi necessário consultar doutrinas, jurisprudências, resoluções, artigos científicos, artigos jornalísticos, legislação extravagante, sites, trabalhos de conclusão de curso.

Assim, entre os entrevistados, 5% (cinco por cento) são pessoas que têm curso superior completo, 5% (cinco por cento) possuem curso superior incompleto, outros 10% (dez) possuem ensino médio completo e por último, ocupando a maioria dos entrevistados 80% (oitenta por cento) possuem apenas ensino fundamental.

Dentre os mesmos submetidos ao questionário, 50% (cinquenta e cinco) têm idade entre 31 (trinta e um) e 45 (quarenta e cinco) anos; 25% (vinte e cinco) têm idade entre 46 (quarenta e seis) e 60 (sessenta) anos; 15% (quinze) entre 26 (vinte e seis) e 30 (trinta) anos e 5% (cinco) entre 18 (dezoito) e 25 (vinte e cinco) anos.

Em ato contínuo, foi verificado que, dentre os entrevistados, a renda mensal dos mesmos não ultrapassavam 1 (um) salário mínimo, em 70% (setenta por cento) dos casos. Outros 20% (vinte por cento) ocupavam uma renda mensal entre 1 (um) a 2 (dois) salários mínimos, sendo o restante, ou seja, 10% (dez por cento) tinham uma renda mensal superior a 2 (dois) salários mínimos. Veja o gráfico abaixo:

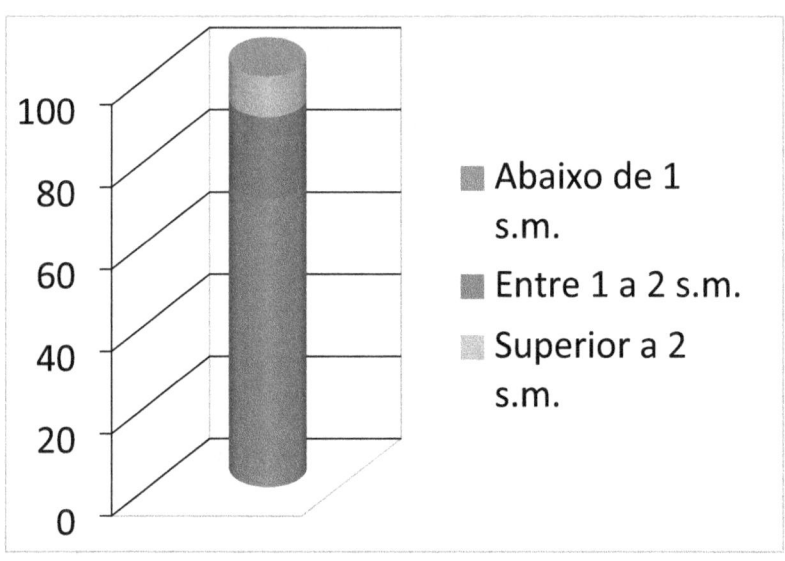

6.1 Quanto à atuação da Defensoria Pública em Piripiri.

Ao serem questionados sobre se o mesmo ou algum parente seu já foi beneficiado pela assistência da Defensoria Pública, 90% (noventa por cento) dos usuários entrevistados afirmaram positivamente, o que demonstra a esfera de atuação da Defensoria no Município. Veja o gráfico abaixo:

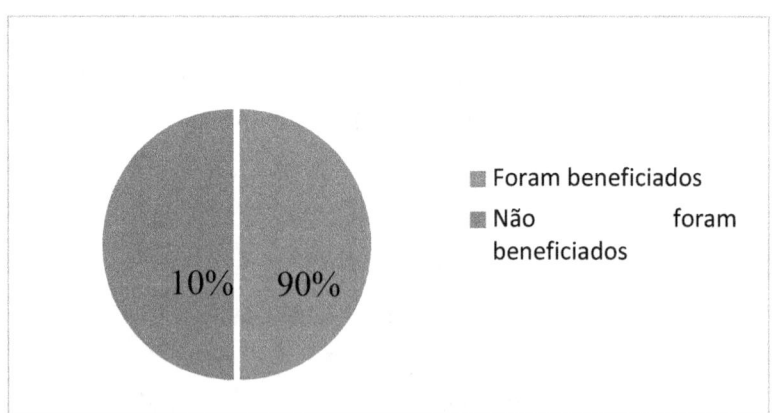

6.2 Quanto ao serviço prestado pela Defensoria.

Em seguida, foi perguntado como o usuário avalia o serviço prestado pela Defensoria no município de Piripiri. Dentre as respostas, 30% (trinta por cento) dos entrevistados responderam como Ótimo, 30% (trinta por cento) responderam estar regular, e outros 40% (quarenta por cento) responderam como insatisfatório. Observe o gráfico abaixo:

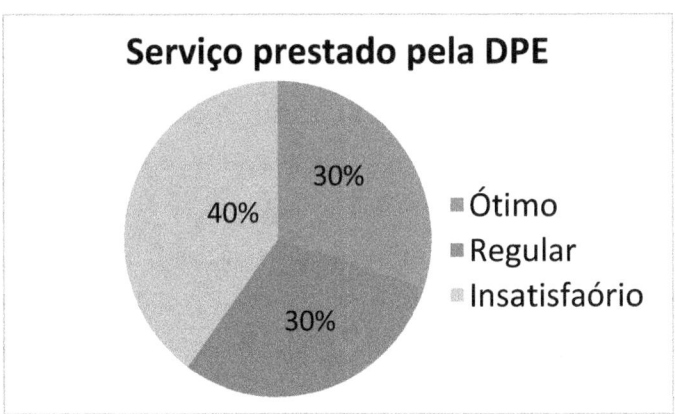

6.3 Quanto aos principais problemas apresentados.

Ao serem questionados sobre quais os principais problemas apresentados na prestação do serviço pela Defensoria Pública, quase que na totalidade, ou seja, em 90% (noventa por cento) dos casos, a resposta predominante foi com relação à demora na prestação do serviço com a consequente efetivação do direito. Além disso, também houve casos como a falta de servidor e Defensor, o que está em déficit por causa da grande demanda de processos e atendimentos que existem na Defensoria da comarca de Piripiri. Por último, outros não souberam responder, já que era a primeira vez que utilizavam o serviço. Vide o esquema abaixo:

Principais problemas apresentados:

90 % a demora

10 % outros problemas

Um dos entrevistados asseverou: "Verifiquei que, como a quantidade de pessoas que buscam o auxílio da Defensoria é muito grande, além da demora do judiciário, a minha necessidade acaba, às vezes, não sendo atendida a tempo."

Entretanto, consoante dispõe o Art. 5, inciso LXXVIII da Constituição Federal de 1988:

> Art. 5º Todos são iguais perante a lei, sem distinção de qualquer natureza, garantindo-se aos brasileiros e aos estrangeiros residentes no País a inviolabilidade do direito à vida, à liberdade, à igualdade, à segurança e à propriedade, nos termos seguintes:
> LXXVIII - a todos, no âmbito judicial e administrativo, são assegurados a razoável duração do processo e os meios que garantam a celeridade de sua tramitação.

Assim, apesar do Estado ter o dever de prestar ao cidadão um processo célere, a maioria das vezes o que acontece é que a demora causada pela duração do processo e sistemática dos procedimentos pode gerar total inutilidade ou ineficácia do provimento requerido. Nesse sentido, a satisfação do direito deve ser imediata, sob pena de perecimento do mesmo. Por isso, atualmente, muito se fala na busca da efetividade do processo em prol de sua missão social de eliminar conflitos e fazer justiça, o que é de extrema importância a presença da Defensoria Pública neste contexto.

O que corrobora com o entendimento acima vai de encontro com outra pergunta feita aos assistidos da Defensoria, a qual muitos deles afirmaram que deixaram de exercer seus direitos em virtude do não conhecimento da Instituição.

Em seguida, foi perguntado se seus usuários sabiam dos seus direito perante a Defensoria e de sua existência. A resposta não é impressionante, ainda mais pessoas leigas que são na maioria delas: 80% (oitenta por cento) não sabiam da existência da Defensoria com todos os seus direitos, sendo que muitas vezes apenas iam até a mesma por indicação.

E por último, mas menos importante, foi feita uma indagação sobre se o usuário considera o serviço da Defensoria essencial, obtendo 100% (cem por cento) de aprovação. Um dos entrevistados afirmou: "Sem dúvida nenhuma. Muitas pessoas, assim como eu, não têm condição de pagar um advogado sem comprometer a renda familiar." Corroborando com a afirmação acima, observe o disposto no art. 134º da CF/88 que diz: "A Defensoria Pública é instituição essencial à função jurisdicional do Estado, incumbindo-lhe a orientação jurídica e defesa, em todos os graus, dos necessitados, na forma do art. 5º LXXIV".

6.4 Quanto à participação da Defensoria na Justiça Comum e principais demandas.

Analisando os dados obtidos no Fórum (1º, 2º e 3º vara) da Comarca de Piripiri-PI, tomou-se conhecimento de que, dentre todas as demandas ajuizadas no período de Setembro a Novembro, de um total de 680 (seiscentos e oitenta), há aproximadamente 140 (cento e quarenta) ações em que a Defensoria Pública figura como parte, tanto no polo passivo como ativo, conforme tabela abaixo:

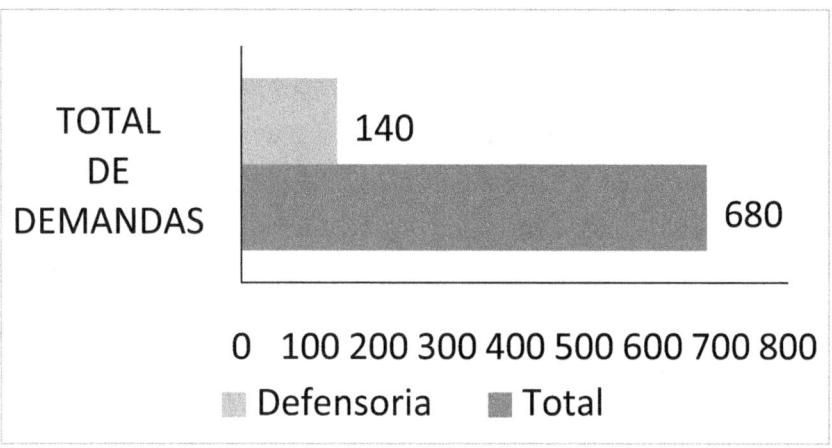

Dentre essas, as principais são as que envolvem direito de família e sucessões, com 50% (cinquenta por cento). Em segundo vêm as ações criminais, com 30% (trinta por cento), enquanto as demais ações compõem 20% (vintepor cento). Observe o gráfico abaixo:

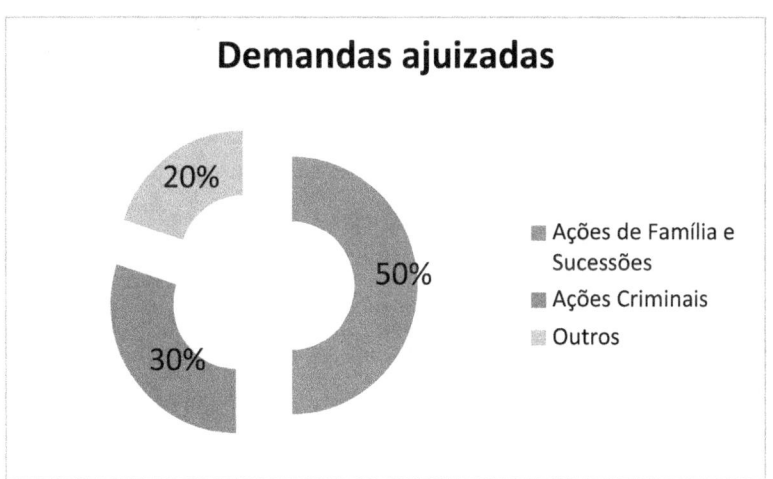

Diante do que foi visto, percebe-se que a elaboração de meios que possibilite a qualquer pessoa pleitear seus direitos, independentemente de seus recursos materiais, é um elemento fundamental na consolidação de um regime democrático. Nessa orientação, são basilares as discussões referentes à garantia da assistência jurídica aos necessitados prestada pela Defensoria Pública, instituição cujo fortalecimento institucional revela-se altamente necessário.

7 CONSIDERAÇÕES FINAIS

A pesquisa de campo, usada para desenvolver o presente projeto, é descritiva e exploratória, de abordagem qualitativa. A finalidade da mesma é narrar certos caracteres populacionais, fenomenológicos ou mesmo relações obtidas através do uso de técnicas de coleta de dados padronizadas (FIGUEIREDO, 2009).

Assim, o resultado da pesquisa, sobretudo pela quantidade de processos ajuizados, mostrou que a Defensoria Pública do Núcleo de Piripiri, assim como as demais Defensorias, é um órgão de extrema importância no ordenamento jurídico, visto que os carentes de recursos formam uma parcela considerável das pessoas que demandam na justiça. Nesse sentido, sem a representação da Defensoria com relação a esse contingente, a garantia do acesso à justiça ficaria comprometida.

Entretanto, para tal mister, é preciso muito mais que estrutura física. Constatou-se que também é necessário equipá-las com um corpo técnico que lhe dê mais suporte, como a ampliação de novas defensorias, assim como o fortalecimento daquelas já existentes. Assim, apesar da competência e dedicação de muitos defensores, verificou-se que a atuação das Defensorias Públicas está deixando a desejar, não conseguindo atingir o fim visado pelos necessitados, que é prestar todo o auxílio possível na garantia da universalização do acesso à justiça, tanto judicial como extrajudicialmente.

Assim, tal problema precisa ser corrigido o mais breve possível, afim de que seja efetivado o princípio do acesso à justiça garantido constitucionalmente. Mas para isso, é preciso um esforço tanto do Estado como dos profissionais que atuam perante ela.

Por conseguinte, também verificou uma grande demora na efetivação dos direitos dos assistidos através da Defensoria, o que se dá, entre outros fatores observados acima, pela pouca quantidade de defensor público por população, o que acaba por comprometer a sua atuação eficaz, devido à sobrecarga de processos.

Assim, para amenizar tal problema, uma medida possível seria a realização de novos concursos públicos, aumentando o efetivo de Defensores para que esteja presente em todas as comarcas brasileiras e, assim, efetivando seu princípio institucional como instituição essencial à garantia da justiça. Ademais, mostra-se de suma importância a necessidade de adequada remuneração, pois sem a mesma, os serviços jurídicos para os pobres tendem a ser pobres também, e a obrigação natural da tutela dos mesmos, atribuível à Defensoria Pública, fica comprometida. Além disso, como já exposto, é necessário garantir à instituição direitos e deveres, a fim de efetivar seus princípios institucionais, com autonomia capaz de evitar pressões politicas e permanecer suficientemente independentes.

Interessante observar que, recentemente foi aprovada a emenda constitucional de n° 80, visando ampliar o número de Defensores com a ampliação de defensorias em todas as comarcas brasileiras. Além disso, novos benefícios também vêm sendo assegurados aos defensores públicos com a aprovação do novo CPC, como a concessão de honorários advocatícios. Tudo isso, em prol do estímulo profissional da carreira, por ser uma instituição estatal dotada de menor visibilidade popular quando comparada com os juízes e promotores, como ficou mostrado na pesquisa.

Portanto, avaliar a atuação e efetiva eficácia na prestação dos serviços pela Defensoria Pública aos necessitados de um modo geral, constitui-se em uma pesquisa de grande relevância para o mundo jurídico, bem como à sociedade como um todo, uma vez que a garantia de um devido processo legal completo, célere e eficaz é medida que se impõe pelo estado democrático de direito, garantindo, assim, o princípio da dignidade da pessoa humana e a construção de uma sociedade livre justa e solidária, assegurada constitucionalmente.

REFERÊNCIAS

BONAVIDES, Paulo. *Curso de direito constitucional*. 26. ed. São Paulo: Malheiros, 2011.

BRASIL. Constituição (1988)

CARVALHO, Kildare Gonçalves. *Direito Constitucional*. Belo Horizonte: Del Rey, 2010.

CAPPELLETTI, Mauro e GARTH, Bryant.*Acesso à Justiça*. Porto Alegre: Sérgio Antônio Fabris Editor, 1988.

CUNHA JÚNIOR, Dirleyda.*Curso de Direito Constitucional*. 7ª ed., Salvador: Editora Juspodivm, 2012.

FIGUEIREDO, Nébia Maria Almeida de. *Método e metodologia na pesquisa científica*. 3. ed. São Caetano do Sul, SP: Yendis Editora, 2011.

GRINOVER, Ada Pellegrini ; CINTRA, Antônio Carlos de Araújo ; DINAMARCO, Cândido Rangel . *Teoria geral do processo*. 27. ed. São Paulo: Malheiros Ed., 2014.

LAKATOS, Eva. Marina; MARCONI, Mariana. Andrade. *Metodologia do Trabalho Científico: procedimentos básicos, pesquisa bibliográfica, projeto e relatório, publicações e trabalhos científicos*. 4a ed., São Paulo,Atlas, 1991.

LENZA, Pedro. *Direito Constitucional Esquematizado*. 16º ed. São Paulo: Saraiva,2013.

MARINONI, Luiz Guilherme. *Curso de Processo Civil: Teoria Geral do Processo*. V.1. São Paulo: Revista dos Tribunais, 2013.

MENDES, Gilmar Ferreira; COELHO, Inocêncio Mártires; BRANCO, Paulo Gustavo Gonet. *Curso de direito constitucional*. São Paulo: Saraiva, 2007.

MINAYO, M. C. S. (Org.). *Pesquisa social*: teoria, método e criatividade, Rio de Janeiro: Vozes, 1994.

RÈ, AluisioIunesMontiRuggere e Reis, Gustavo Augusto Soares dos. *Temas Aprofundados da Defensoria Publica*, 1º ed. Vol. II, São Paulo: Juspodvin. 2014.

ROCHA, Amélia Soares da.*Defensoria Pública. Fundamentos, organização e funcionamento*. 2º ed. Ceará: Atras. 2013.

SILVA, José Afonso da. *Curso de direito constitucional positivo*. 31. ed. São Paulo: Malheiros, 2011.

TAVARES, André Ramos. *Curso de Direito Constitucional*. 12º ed.São Paulo: Saraiva, 2014;

www.ingramcontent.com/pod-product-compliance
Lightning Source LLC
Chambersburg PA
CBHW071146220526
45467CB00015B/2007